T·r·ä·u·m·e

Vom Wünschen und Hoffen

Ich liebe meines Wesens Dunkelstunden,
in welchen meine Sinne sich vertiefen . . .
Rainer Maria Rilke

Schläft ein Lied in allen Dingen,
die da träumen fort und fort,
und die Welt hebt an zu singen,
triffst du nur das Zauberwort.

Joseph von Eichendorff

Verweile nicht und sei dir selbst ein Traum,
und wie du reisest, danke jedem Raum,
bequeme dich dem Heißen wie dem Kalten,
dir wird die Welt, du wirst ihr nie veralten.

Johann Wolfgang von Goethe

Manche Menschen sehen die Dinge,
wie sie sind, und fragen: „*Warum?*“
Ich träume von Dingen,
die es noch nie gegeben hat, und frage:
„*Warum nicht?*“

George Bernard Shaw

Als ich ein Kind war,
was hatt ich für Träume!

Als ich ein Kind war,
was hatt ich für Träume!
Kann ich es nennen,
was Namen nicht hat?
Kann ich euch zeigen,
unvergängliche Bilder
himmlischer Schönheit?
O meine Sehnsucht
kennt euch noch
und die nimmer
rastende Liebe.

Ernst Moritz Arndt

Das Herz ist ein Kind,
es hofft so, wie es wünscht.

Sprichwort aus der Türkei

So wie nicht jeder träumt, der schläft,
so schläft nicht jeder, der träumt.

Georg Christoph Lichtenberg

Vielleicht träumen die am meisten,
die am meisten tun.

Stephen Butler Leacock

Hätt ich des Himmels reich bestickte Tücher,
bestickt aus Golden- und aus Silberlicht,
die dunklen, blauen und die hellen Tücher,
aus Nacht, aus Tag und aus der Dämmerung,
ich legte all die Tücher dir zu Füßen.
Doch ich bin arm und habe nichts als Träume,
so leg ich meine Träume dir zu Füßen.
Tritt leise, denn du trittst auf meine Träume.

William Butler Yeats

Je dunkler die Wirklichkeit,
desto heller der Traum.

Sprichwort aus Irland

Träume

Wir sind nicht nur Theaterdirektoren
unserer Träume, sondern auch
unseres eigenen Schicksals.

Arthur Schopenhauer

Allein die Möglichkeit,
dass ein Traum wahr werden könnte,
macht das Leben lebenswert.

Paulo Coelho

Geh vertrauensvoll
in die Richtung deiner Träume.
Führe das Leben, das du dir
vorgestellt hast.

Wenn du dein Leben
vereinfachst, werden auch
die Gesetze des Lebens
einfacher.

Henry David Thoreau

Es ist eine bekannte Tatsache, dass Träume oft viel stärker auf uns wirken als wirkliche Erlebnisse.
Woher kommt das? Weil das Erlebnis immer eine viel geringere Realität hat als die Phantasie.

Egon Friedell

Die ewige Versuchung des Lebens
ist die Vertauschung der Träume
mit der Wirklichkeit. Aber wer
seine Träume der Wirklichkeit opfert,
gibt sich für immer geschlagen.

James Albert Michener

Nichts Ewiges kann das Glück uns geben,
denn flüchtiger Traum ist Menschenleben
und selbst die Träume sind ein Traum!

Pedro Calderón de la Barca

Zukunftslehre des Lebens. Unser Leben ist kein Traum – aber es soll und wird vielleicht einer werden.

Novalis

Unser Leben ist kein Traum

Traum

Der Traum ist der beste Beweis dafür,
dass wir nicht so fest in unserer Haut
eingeschlossen sind, wie es scheint.

Friedrich Hebbel

Lerne
von deinen Freunden und deinen Lieben
zu träumen.
Die Träume verstärken die Verbindung zu ihnen.

Drukpa Rinpoche

Um Mitternacht

Um Mitternacht,
wenn die Menschen erst schlafen,
dann scheinet uns der Mond,
dann leuchtet uns der Stern;
wir wandeln und singen
und tanzen erst gern.

Um Mitternacht,
wenn die Menschen erst schlafen,
auf Wiesen, an den Erlen
wir suchen unsern Raum
und wandeln und singen
und tanzen einen Traum.

Johann Wolfgang von Goethe

Wer keinen Mut
zum Träumen hat,
hat keinen Mut
zum Kämpfen.

Anonym

Nichts geschieht,
ohne dass ein Traum
vorausgeht.

Carl August Sandburg

erwachen

Unsere Träume

können wir erst dann verwirklichen,
wenn wir uns entschließen
daraus zu erwachen.

Josephine Baker

Es gibt Menschen,
die den ganzen Tag arbeiten, andere,
die den ganzen Tag träumen, und
schließlich diejenigen, die eine Stunde
träumen, die Ärmel hochkrempeln
und sich ihre Träume erfüllen.

Steve Ross

Mich dünkt der Traum eine Schutzwehr gegen die Regelmäßigkeit und Gewöhnlichkeit des Lebens. Ohne die Träume würden wir gewiss früher alt.

Novalis

*Ich glaube,
der Mensch
träumt nur,
damit er
nicht aufhöre
zu sehen.*

Johann Wolfgang von Goethe

Eine Welt in einem Sandkorn zu sehen
und einen Himmel in einer Wildblume,
die Unendlichkeit in einer Hand zu halten
und die Ewigkeit in einer Stunde.

William Blake

Gäbe es keine Träume
und Illusionen,
so würde des armen Mannes Seele
ihn verlassen.

Sprichwort aus der Türkei

Träume sind wahr,
solange wir sie träumen,
und leben wir
nicht immer im Traum?

Alfred Lord Tennyson

Wer am Tag träumt,
wird sich vieler Dinge bewusst,
die dem entgehen, der nur nachts träumt.

Edgar Allan Poe

Tagträume sind ein unschätzbares Geschenk – Ruhepausen für das Gehirn und Quellen grenzenloser Hoffnung.

Paul Wilson

*Habe immer mehr Träume,
als die Realität zerstören kann!*

Anonym

Ich wundere mich, dass man für Träume noch nichts zahlen muss. Träume sind ja eine Art Fernsehen im Schlaf.

Alberto Sordi

Träumen ist reine Glückseligkeit.
Auf die Erfüllung warten
ist das wirkliche Leben.

Victor Hugo

Bezeichne dich nicht als arm,
wenn deine Träume nicht
in Erfüllung gegangen sind.
Wirklich arm ist doch nur der,
der nie geträumt hat.

Marie von Ebner-Eschenbach

Was wäre, wenn du schliefest? Und wenn
in deinem Schlaf du träumtest?
Und wenn in deinem Traum
du in den Himmel stiegst und pflücktest
eine seltne, schöne Blume?
Was, wenn du dann erwachtest
und hieltest diese Blume in der Hand?
Was dann?

Samuel Taylor Coleridge

Sucht einer dem Regenbogen ganz nahe zu k

A

Theodor W. Adorno

Regenbogen muss man nicht Wäsche aufhängen wollen.

mmen, so verschwindet dieser.

Friedrich Hebbel

Der allerelendeste Zustand ist:

Nichts wollen können!

Ernst von Feuchtersleben

Weg

Entweder man findet einen Weg
oder man schafft einen Weg.

Hannibal

Nichts trägt im gleichen Maß wie ein
Traum dazu bei, die Zukunft zu gestalten.
Heute Utopia, morgen Fleisch und Blut.

Victor Hugo

Traum

Utopia

Träumt einer allein,
ist es nur ein Traum.
Träumen viele gemeinsam,
ist es der Anfang
von etwas Neuem.

Spruchweisheit aus Brasilien

Ein Mensch ohne Phantasie ist wie ein Vogel ohne Flüge

Wilhelm Raabe

Phantasie ist die Gabe,

unsichtbare Dinge zu sehen.

Jonathan Swift

Erbsenzähler Phantasten

Es sind die Phantasten,
die die Welt in Atem halten,
nicht die Erbsenzähler.

Michail Baryschnikow

Unsere Vorstellung
ist der Beginn der Schöpfung.
Wir imaginieren, was wir ersehnen;
wir wollen, was wir imaginieren.
Und schließlich erschaffen wir das,
was wir wollen.

George Bernard Shaw

Phantasie haben heißt nicht
sich etwas auszudenken,
es heißt sich aus den Dingen
etwas machen.

Thomas Mann

Für den Bau von Luftschlössern
gibt es keine architektonischen Regeln.

Gilbert Keith Chesterton

Der wahre fliegend

Teppich ist deine Phantasie.

Norman Vincent Peale

Die Phantasie is

Friedrich von Schiller

ein ewiger Frühling.

Als ich jünger war, konnte ich mich an alles erinnern, egal ob es wirklich passiert war oder nicht.

Mark Twain

Phantasie ist wichtiger als Wissen,
denn Wissen ist begrenzt.

Albert Einstein

Phantasie ist die Quelle vieler Tatsachen.

Maurice Maeterlinck

Phantasie

ist unser guter Geniu

Immanuel Kant

der unser Dämon.

Das Unmögliche ist oft nur das unversucht Gebliebene.

Spruchweisheit

Greife nach dem Mond.

Verfehlst du ihn,
landest du immer noch
zwischen den Sternen.

Les Brown

Des Menschen Wünsche
sind sein
Himmelreich.

Thomas More

Wünsche sind nie klug.
Das ist sogar das Beste an ihnen.

Charles Dickens

Wünschen ist ein Anzeichen
von Genesung oder Besserung.

Friedrich Nietzsche

Doch vergiss es nicht: *Die Träume,*
sie erschaffen nicht die Wünsche,
die vorhandenen wecken sie.

Franz Grillparzer

Naturgesetz

Es ist aber
Naturgesetz,
dass das Herz
nicht ruht,
bis es ans Ziel
seiner Wünsche
gelangt ist.

Francesco Petrarca

Ein jeder Wunsch, wenn er erfüllt,
kriegt augenblicklich Junge.

Wilhelm Busch

Auch der dunkelste Brunnen
spiegelt das Licht der Sterne.
Sprichwort aus Bulgarien

Es ist nicht gut,

wenn alle Wünsche erfüllt werden.
Durch Krankheit
lernt man den Wert von Gesundheit kennen.
Durch das Böse
lernt man den Wert des Guten.
Durch Hunger – Sättigung.
Durch Anstrengung den Wert von Ruhe.

Heraklit

Gib deinem Wunsche
Maß und Grenze
und dir entgegen kommt
das Ziel.

Theodor Fontane

Das Leben besteht aus zwei Teilen:

die Vergangenheit – ein Traum;
die Zukunft – ein Wunsch.

Sprichwort aus Arabien

Ich mag die Träume
von der Zukunft lieber
als die ganze Geschichte
der Vergangenheit.

Thomas Jefferson

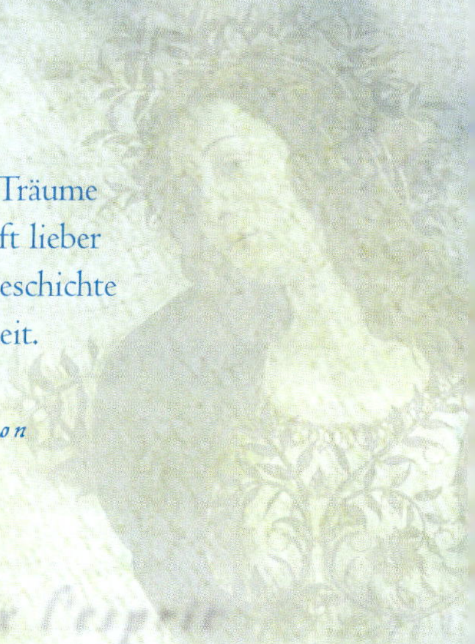

Es liegt im Wesen der Jugend, dass sie die Zukunft, wie sie sein soll, als berauschendes Phantasiebild in sich trägt.

Eduard Spranger

Kein Vog

Keine Angst vor deiner Phantasie!

nn zu hoch fliegen, wenn er seine eigenen Flügel benutzt.

William Blake

Wir können die **Zukunft** gar nicht vorhersagen, allenfalls erfinden.

Dennis Gabor

Die *Zukunft*
ist die Gegenwart des Voraus-Schauers!

Peter Altenberg

Nacht ist wie ein stilles Meer;
Lust und Leid und Liebesklagen
kommen so verworren her
in dem linden Wellenschlagen.

Wünsche wie die Wolken sind,
schiffen durch die stillen Räume,
wer erkennt im lauen Wind,
ob's Gedanken oder Träume?

Schließ ich nun auch Herz und Mund,
die so gern den Sternen klagen;
leise doch im Herzensgrund
bleibt das linde Wellenschlagen.

Joseph von Eichendorff

Hoffen ist besser als wünschen
und wünschen ist besser als verzweifeln.

Sprichwort der Mauren

Höher als alle Vögel
fliegen Wunsch und *Hoffnung.*

Sprichwort aus Java

Wir können wohl
das Glück entbehren,
aber nicht die Hoffnung.

Theodor Storm

Hoffnung ist eine Art Glück,
vielleicht das größte Glück,
das diese Welt bereit hat.

Samuel Johnson

Wo eine Illusion stirbt, da wird auch immer
eine neue Hoffnung geboren.

Sprichwort aus Spanien

Wenn sich eine Tür vor uns schließt, öffnet sich eine andere.

André Gide

Normalerweise eilen die Gedanken eines Menschen nicht von Vergnügen zu Vergnügen, sondern von Hoffnung zu Hoffnung.

Samuel Johnson

Hoffnung ist ein Mittelding

zwischen Flügel

und Fallschirm.

Tilla Durieux

Hoffnung ist wie Zucker im Tee;
auch wenn sie klein ist, versüßt sie alles.

Chinesisches Sprichwort

Wer von der Hoffnung lebt, kann fliegen ohne Flügel.

Portugiesisches Sprichwort

Träume nicht dein Leben;
sondern lebe deine

Träume.
Aus dem Musical Space Dream

Die Hoffnung,

im Gegensatz zum Optimismus,
ist nicht die Erwartung, dass es gut ausgeht,
sondern das Engagement in Gewissheit,
dass es Sinn hat, egal wie es ausgeht.

Václav Havel

Ihr sollt nicht nur nehmen, sondern auch geben. Zusammen werden wir es schaffen. Ich glaube weiterhin an einen Ort namens Hoffnung.

Bill Clinton

Eure Liebe zum Leben sei
Liebe zu eurer höchsten Hoffnung;
und eure höchste Hoffnung sei
der höchste Gedanke des Lebens!

Friedrich Nietzsche

Die größten Menschen
sind jene,
die anderen Hoffnung
geben können.

Jean Jaurès

Vergiss nicht,

dass jede Wolke, so schwarz wie sie ist,
dem Himmel zugewandt, doch ihre
Sonnenseite hat.

Friedrich Wilhelm Weber

bbe Flut Ebbe Flut E

Ebbe folgt nicht auf Ebbe.
Dazwischen ist die Flut.

Afrikanisches Sprichwort

Das Leben ist ein Buch,
in dem auf jedem Blatt
die Hoffnung einen Wunsch
für uns geschrieben hat.

*Das Leben ist ein Buch,
in dem auf jedem Blatt
die Hoffnung einen Wunsch
für uns geschrieben hat.*

Deutscher Sinnspruch

Die lächerlichsten und kühnsten Hoffnungen waren manchmal schon die Ursache außergewöhnlicher Erfolge.

Luc de Clapiers Marquis de Vauvenargues

Hoffnung

Wer die Hoffnung
vor seinen Wagen spannt,
fährt doppelt so schnell.

Sprichwort aus Polen

In jedem Winter steckt ein zitternder Frühling
und hinter dem Schleier der Nacht verbirgt
sich ein lächelnder Morgen.

Spruchweisheit

*Wer den Kopf nicht hebt,
kann die Sterne nicht sehen.*

Sprichwort aus Armenien

Die Hoffnung
mag eintreffen oder nicht,
so hat sie doch das Gute,
dass sie die Furcht verdrängt.

Jean Paul

Wenn man zuversichtlich seinen Träumen folgt und sich bemüht so zu leben, wie man es sich vorgestellt hat, wird man unerwartet von Erfolg gekrönt.

Henry David Thoreau

Schlägt dir die Hof
Ein Tor ist zugetan

*Die Zukunft ist
voller Aufgaben
und Hoffnungen.*

Nathaniel Hawthorne

ung fehl, nie fehle dir das Hoffen!
och tausend sind noch offen.

Friedrich Rückert

st

en

en.

Die Hoffnung ist ein Wachtraum.

Aristoteles

Im Reich der Hoffnung
gibt es keinen Winter.

Sprichwort aus Russland

Wenn es uns schlecht geht,
trösten wir uns mit dem Gedanken,
dass es noch schlimmer sein könnte.
Und wenn es ganz schlimm ist,
klammern wir uns an die Hoffnung,
dass es nur besser werden kann.

Malcolm Stevenson Forbes

Silberstreifen

*Jede Wolke
hat ihren Silberstreifen.*

Sprichwort aus den USA

Was uns Trost und Mut kann geben
um hienieden gern zu säumen?
Dass wir leben, wenn wir träumen,
dass wir träumen, wenn wir leben.
Lasst uns denn nach heiligen Räumen
mutig und getröstet streben,
weil wir träumen, wenn wir leben,
weil wir leben, wenn wir träumen.

August von Platen

the way
of the day

Verzeichnis der Autoren

Adorno, Theodor W.
(1903–1969), deutscher Philosoph und Soziologe

Altenberg, Peter
(1859–1919) österreichischer Schriftsteller

Aristoteles
(384-322 v. Chr.), griechischer Philosoph

Arndt, Ernst Moritz
(1769–1860) deutscher Schriftsteller

Baker, Josephine
(1906–1975), US-amerikanisch-französische Tänzerin, Sängerin und Filmschauspielerin

Baryschnikow, Michail
(*1948), russischer Balletttänzer

Blake, William
(1757–1827), englischer Dichter, Mystiker und Maler

Brown, Les
(*1912), US-amerikanischer Saxophonist

Busch, Wilhelm
(1832–1908), deutscher Zeichner, Maler und Schriftsteller

Calderón de la Barca, Pedro
(1600–1681), spanischer Dramatiker
Chesterton, Gilbert Keith
(1874–1936), englischer Schriftsteller
Clinton, Bill
(*1946), US-amerikanischer Politiker, 41. Präsident der USA
Coelho, Paulo
(*1947), brasilianischer Schriftsteller
Coleridge, Samuel Taylor
(1772–1834), englischer Lyriker und Literaturkritiker
Dickens, Charles
(1812–1870), englischer Schriftsteller
Drukpa Rinpoche
(gest. 1989), tibetanischer Meditationsmeister
Durieux, Tilla
(1880–1971), deutsche Schauspielerin österreichischer Herkunft
Ebner-Eschenbach, Marie von
(1830–1916), österreichische Schriftstellerin
Eichendorff, Joseph von
(1788–1857), deutscher Dichter, Novellist und Dramatiker
Einstein, Albert
(1879–1955), deutsch-US-amerikanischer Physiker
Feuchtersleben, Ernst von
(1806–1849), österreichischer Arzt und Schriftsteller

Fontane, Theodor
(1819–1898), deutscher Schriftsteller
Forbes, Malcolm Stevenson
(1919–1990), US-amerikanischer Verleger
Friedell, Egon
(1878–1938), österreichischer Schriftsteller, Kabarettist und Schauspieler
Gabor, Dennis
(1900–1979), englischer Physiker ungarischer Herkunft, Entdecker der Holographie
Gide, André
(1869–1951), französischer Dramatiker, Romanautor und Biograph
Goethe, Johann Wolfgang von
(1749–1832), deutscher Dichter
Grillparzer, Franz
(1791–1872), Wiener Hofkonzipist und Burgtheaterdichter
Hannibal
(247/246–183 v. Chr.) Feldherr und Staatsmann Karthagos
Havel, Václav
(*1936), tschechischer Dramatiker, Regisseur und Dramaturg, 1993–2003 Staatsoberhaupt von Tschechien
Hawthorne, Nathaniel
(1804–1864), US-amerikanischer Erzähler
Hebbel, Friedrich
(1813–1863), deutscher Dramatiker

Heraklit
(um 540–480 v. Chr.), griechischer Philosoph
Hugo, Victor
(1802–1885), französischer Schriftsteller und Maler
Jaurès, Jean
(1859–1914), französischer Philosoph und Publizist
Jean Paul
(1763–1825), deutscher Dichter
Jefferson, Thomas
(1743–1826), 3. Präsident der USA
Johnson, Samuel
(1709–1784), englischer Sprachforscher und Schriftsteller
Kant, Immanuel
(1724–1804), deutscher Philosoph
Leacock, Stephen Butler
(1869–1944), kanadischer Volkswirtschaftler und humoristischer Erzähler
Lichtenberg, Georg Christoph
(1742–1799), deutscher Physiker, Meister des Aphorismus
Maeterlinck, Maurice
(1862–1949), belgischer Dramatiker, Lyriker und Essayist
Mann, Thomas
(1875–1955), deutscher Schriftsteller
Mark Twain
(1835–1910), US-amerikanischer Erzähler und Satiriker

Michener, James Albert
(1907–1997), US-amerikanischer Autor
More, Thomas
(1478–1535), irischer Dichter, englischer Lordkanzler
Nietzsche, Friedrich
(1844–1900), deutscher Philosoph und Schriftsteller
Novalis
(1772–1801), deutscher Dichter
Peale, Norman Vincent
(1898–1993), US-amerikanischer Pfarrer und Publizist
Petrarca, Francesco
(1304–1374), italienischer Humanist und Dichter
Platen, August von
(1796–1835), deutscher Dichter
Poe, Edgar Allan
(1809–1849), US-amerikanischer Journalist und Dichter
Raabe, Wilhelm
(1831–1910), deutscher Erzähler
Ross, Steve
(1927–1992), US-amerikanischer Top-Manager
Rückert, Friedrich
(1788–1866), deutscher Dichter
Sandburg, Carl August
(1878–1967), US-amerikanischer Dichter und Lyriker
Schiller, Friedrich von
(1759–1805), deutscher Dichter und Dramatiker

Schopenhauer, Arthur
(1788–1860), deutscher Philosoph
Shaw, George Bernard
(1856–1950), anglo-irischer Dramatiker
Sordi, Alberto
(*1920), italienischer Filmschauspieler und Komiker
Spranger, Eduard
(1882–1963), deutscher Kulturphilosoph und Pädagoge
Storm, Theodor
(1817–1888), deutscher Jurist und Schriftsteller
Swift, Jonathan
(1667–1745), anglo-irischer Erzähler und Theologe
Tennyson, Alfred Lord
(1809–1892), englischer Dichter
Thoreau, Henry David
(1817–1862), US-amerikanischer Philosoph und Schriftsteller
Vauvenargues, Luc de Clapiers Marquis de
(1715–1747), französischer Philosoph und Schriftsteller
Weber, Friedrich Wilhelm
(1813–1894), deutscher Arzt, Politiker, Übersetzer und Versepiker
Wilson, Paul
(*1946), US-amerikanischer Schriftsteller
Yeats, William Butler
(1865–1939), irischer Schriftsteller

BIBLIO·PHILIA

In der gleichen Reihe erschienen:

Liebe – Poesie der Sinne
ISBN 3-8157-2623-9
Lebenskunst – Quelle des Glücks
ISBN 3-8157-2624-7
Dankeschön – Von ganzem Herzen
ISBN 3-8157-2625-5
Engel – Boten der Liebe
ISBN 3-8157-2626-3
Großmutter – Herz der Familie
ISBN 3-8157-2627-1
Weisheiten – Von Frau zu Frau
ISBN 3-8157-2628-X
Vater – Einfach der Beste
ISBN 3-8157-2756-1
Mutter – Einfach die Beste
ISBN 3-8157-2757-X